Johannes Raum

**Beiträge zur Entwickelungsgeschichte der Cysticercen**

Johannes Raum

**Beiträge zur Entwickelungsgeschichte der Cysticercen**

ISBN/EAN: 9783743348455

Hergestellt in Europa, USA, Kanada, Australien, Japan

Cover: Foto ©ninafisch / pixelio.de

Manufactured and distributed by brebook publishing software (www.brebook.com)

Johannes Raum

**Beiträge zur Entwickelungsgeschichte der Cysticercen**

# Beiträge
## zur
# Entwickelungsgeschichte der Cysticercen.

---

## Inaugural-Dissertation

zur Erlangung des Grades eines

## Doctors der Medicin

verfasst und mit Bewilligung

Einer Hochverordneten Medicinischen Facultät der Kaiserl. Universität zu Dorpat

zur öffentlichen Vertheidigung bestimmt

von

JOHANNES RAUM

aus Warschau.

---

Ordentliche Opponenten:

Dr. M. Braun. — Prof. Dr. L. Stieda. — Prof. Dr. A. Vogel.

---

Dorpat.

Druck von H. Laakmann's Buch- und Steindruckerei.

1883.

Es sei mir an dieser Stelle vergönnt, Herrn Dr. Max Braun innigst für die Leitung und Förderung zu danken, die er mir bei der vorliegenden Arbeit hat zu Theil werden lassen.

Auch Herrn Prof. Dr. E. Rosenberg spreche ich dafür meinen Dank aus, dass er mir in den Räumen des vergleichend-anatomischen Instituts meine Arbeit auszuführen gestattet hat.

> Wie oft muss ein Beobachter eine Sache, einen Versuch wiederholen, ehe er den glücklichen Zeitpunkt trifft, der ihm Gewissheit und völliges Licht giebt?
> Götze.

Wiewohl die Kenntnifs der Finnen bis ins fernfte Alterthum zurückreicht, war doch die Erkenntnifs ihrer Entwickelung und ihres genetifchen Zufammenhanges mit den Bandwürmern erft unferem Jahrhundert vorbehalten.

Am Ende des XVII. Jahrhunderts war faft gleichzeitig von Redi[1]), Hartmann[2]), Tyfon[3]) und Malphighi[4]) die Animalität unferer Gefchöpfe conftatirt worden, die bis dahin allgemein für pathologifche Bildungen angefehen und den Hydatiden oder Wasserblafen zugezählt wurden.

Die erften Angaben über den Bau der Blasenwürmer finden wir bei Hartmann; allein es gelang diefem Forfcher nicht, alle anatomifchen Einzelheiten zu erkennen und noch weniger diefelben treffend zu deuten. Er hielt die Schwanzblafe irrthümlicher Weife für ein Organ von grofser Dignität, den Hals betrachtet er als Rüffel und die durch Einftülpung des Kopfes entftandene Vertiefung nahm er als Mundöffnung an. Auch Tyfon war in diefer Hinficht

---

1) Opere di Redi, Venezia, T. I, pp. 21. 110. 1712—28.
2) Miscell. curiosa seu Ephem. Acad. Nat. Decur. II, Ann. IV, pp. 152, 153. 1685 (1705).
3) Philosoph. transact. 1691, N 193, p. 506, (deutsch in d. Act. erudit. Lips. 1692, p. 435).
4) Opera posthuma. Ed. Lond. 1698.

nicht glücklicher, indem er die Wafferblafe für den Magen des Thieres erklärte.

Die Anwefenheit des Kopfes war indeffen Beiden entgangen und erft Malphighi machte auf diefes Gebilde aufmerkfam. 1688 hob Wepfer[1]) die morphologifche Aehnlichkeit der Mäufefinne mit den Bandwürmern hervor und, nachdem diefe Thatfache von Pallas[2]) und Götze[3]) beftätigt worden war, lag es nahe, unfere Thierchen mit den Bandwürmern zu identificiren.

In der That erklärte fchon Pallas[4]) dielelben für Taenien und zählte fie als felbftändige Species (Taenia hydatigena) den übrigen Bandwurmarten zu. Auch Götze[5]) hielt die Finnen für Bandwürmer und brachte fie in feiner Gruppe der Eingeweidewürmer (Taeniae viscerales), als Taenia vesicularis hydatigena unter. Es fei beiläufig erwähnt, dafs den beiden zuletzt erwähnten Forfchern das Verhältnifs des Kopfes zur Blafe fchon ganz geläufig war, denn Pallas vergleicht treffend den Kopf mit einem eingeftülpten Handfchuhfinger, Götze[6]) mit dem Lichte in einer Laterne.

Indeffen war diefer Identitätslehre keine lange Lebensdauer befchieden, denn fchon 1782 trat Bloch[7]) dagegen auf, indem er bei unferen Thierchen eine fo nahe Verwandtfchaft mit den Taenien negirte; er trennte die Blafenwürmer

---

1) Miscell. cur. Dec. II, Ann. VII, p. 31. 1687 (1688).

2) Miscellanea zoologica 1766, p. 157 und Stralsundisches Magazin 1767, I, p. 64.

3) Versuch einer Naturgeschichte der Eingeweidewürmer, 1782, p. 340.

4) Neue nord. Beiträge. I. p. 82. Petersburg und Leipzig 1781.

5) l. c. p. 191.

6) l. c. p. 245.

7) Abhandlung von der Erzeugung der Eingeweidewürmer. 1782. Berlin.

von den Bandwürmern, erklärte beide für befondere Gattungen und bedachte die erften mit dem Hartmann'fchen Namen — Vermes vesiculares. Diefe Anficht wurde bald allgemein und hat fich trotz der berechtigten Einwendung von Nitzfch[1]), Fr. S. Leuckart[2]), J. Müller[3]) u. A., bis in die erfte Hälfte unferes Jahrhunderts erhalten. Ja, Zeder[4]) und Rudolphi[5]) gingen noch weiter; fie erklärten die Verwandtfchaft zwifchen den beiden erwähnten Thieren für noch entfernter, indem Erfterer die Finnen als eine befondere Familie (Cystici) betrachtete, der Andere ihnen fogar als einer befonderen Ordnung einen Platz im Syfteme anwies.

Es liegt auf der Hand, dafs diefe Anfichten unfere Wiffenfchaft nicht zu fördern vermochten; fie mufsten auch bald der Verirrungs- und Entartungstheorie Dujardins und v. Siebolds weichen, welcher alsdann die heute geltende Lehre von der Larvennatur der Finnen folgte.

Es war Steenftrup, der geiftvolle dänifche Naturforfcher, welcher fich im Jahre 1842 gegen die Blafenwürmer als felbftändige Thiergruppe erklärte und, gleichfam das Richtige ahnend, die Vermuthung ausfprach, es könnten unfere Gefchöpfe nur eine Entwickelungsftufe irgend welches, vielleicht noch unbekannten Thieres, fein. An Bandwürmer hat er freilich dabei nicht gedacht. Uebrigens war diefe Idee nicht mehr ganz neu, denn fchon Redi hegte den Verdacht, dafs die Leberfinnen der Kaninchen Embryonen

---

1) Ersch und Gruber's Encyclop. Art. Antocephalus, 1820 Bd. IV p. 259.
2) Friedrich Sigismund Leuckart. Zoolog. Bruchstücke I. Helmstädt, 1819, p. 9 und ff.
3) Arch. 1836. p. CVIII.
4) Anleitung zur Naturgeschichte der Eingeweidewürmer. 1803.
5) Entozoor. Synops. 1819, p. 536.

des in derselben Leber aufgefundenen Diftoma lanceolatum fein könnten und ähnlich dachte auch Hartmann, als er gelegentlich feiner Unterfuchung der Schweinefinnen die Worte »nidos effe vermiculorum mihi fit verofimile« niederfchrieb.

Wie oben erwähnt wurde, hat Dujardin[1]) und bald nach ihm v. Siebold[2]) unfere Thiere wieder mit den Taenien identificirt, indem fie diefelben für hydropifch erkrankte Bandwürmer erklärten. Die Schwanzblafe galt ihnen ein fecundäres Gebilde, ein Product der abnormen Ernährungsverhältniſse, denen das Thier, zufällig auf fremdartigen Boden gerathen, anheimfällt. Aber auch an diefe Eventualität dachten die älteren Helminthologen, wie Hartmann[3]) und Pallas, indem fie die localen Ernährungsverhältniſse für mächtig genug erachteten, Veränderungen im Baue der Band- refp. Blafenwürmer hervorzurufen. Der letztgenannte Forfcher betrachtete nämlich alle ihm bekannten Finnen, als zu einer einzigen Species gehörend und leitete ihre anatomifchen Differenzen von den Organen und Thieren ab, in welchen fie haufen[4]).

Allein nur im Hauptgedanken ftimmte v. Siebold mit Dujardin überein, in den Einzelheiten gingen fie vielfach auseinander. Dujardin lehrte, dafs das Bandwurmei das Mutterthier verlafse, in den Darmkanal des Wirthes gelange und fich dort zum Tochterthier entfalte. War das Ei aber zufällig aus dem Darme nach irgend einem anderen Organe desfelben Wirthes verfchlagen worden, fo

---

1) Annales des sc. natur. 1843. T. XX. Histoire naturelle des Helminthes, 1845, pp. 562.
2) Zeitschrift für wissenschaft. Zool. 1850. II, p. 200.
3) Micc. Dec. II, Ann. IV, p. 156. 1685 (1705).
4) Stralsundisches Magazin, 1767, I, p. 80.

entwickele es fich zwar ebenfalls zum Scolex, allein diefer entarte, ftatt Glieder zu treiben, an feinem hinteren Ende zur Blafe. Diefen Vorgang fah er mit v. Siebold für nicht durchaus nothwendig, fondern nur für zufällig und fich mitunter ereignend an. Dagegen liefs v. Siebold[1]) den Scolex aus dem fechshakigen Embryo entftehen, deffen Bau er zuerft richtig erkannte und genau befchrieb [2]); freilich war fchon Ritter[3]) und Götze das erwähnte Gebilde bekannt. Diefe Embryonen nun liefs v. Siebold die gefchlechtsreife Colonie und den Darm, in welchem letztere lebt, verlaffen und in einen wirbellofen Zwifchenwirth einwandern, wo fie — wie er glaubte — zu Scoleces wurden; diefe wiederum kehrten gelegentlich in den urfprünglichen Wirthen zurück, in deffen Darme fie den Thierftock trieben. War aber der Kopf ftatt deffen ins Parenchym gerathen und hatte fich darin etablirt, fo entartete er hydropifch; nur die Mäufefinne hielt v. Siebold für fähig, im Falle einer Uebertragung in den Darmkanal feines legalen Wirthen, der Katze, zu »gefunden».

Gradezu unbegreiflich ift es, wie fich diefe Lehre noch dann behaupten konnte, als Guido Wagener[4]) 1848 die Götzefche Entdeckung der primären Entftehung der Blafe der Vergeffenheit entriffen und fie durch feine eigenen Beobachtungen beftätigt hatte.

Bereits 1782 hat Götze[5]) als Refultat feiner forgfältigen Unterfuchungen folgende Beobachtung hervorgehoben:

---

1) Wagners H. W. B. der Physiol. II, pp. 650, 676. 1842—53.
2) Burdachs Physiol. II, Leipzig 1832—40, p. 201.
3) Küchenmeister, Die Parsiten d. Menschen. II Aufl. p. 51, Leipzig 1881.
4) Enthelmintica Dissert. inag. Berol. 1848, p. 30.
5) l. c., p. 245.

»das erste was aus dem Ei kommt muſs die Schwanzblaſe ſein».

Leider war diese Entdeckung längſt der Vergeſſenheit anheimgefallen und der Wiederbeſtätigung derſelben von Seiten Wageners nicht gleich die gebührende Aufmerkſamkeit gezollt, ſo daſs v. Siebold[1]) ſelbſt noch dann an ſeiner Theorie feſthielt, als Küchenmeiſter durch ſeine bahnbrechenden Experimente das Räthſel endgültig löſte.

Es trat nun eine Reihe von Männern auf, die durch ihre Arbeiten das Anbrechen einer neuen Zeit für unſere Wiſſenſchaft bewirkten.

Zuerſt war es van Beneden[2]) der ältere, welcher im Jahre 1850 die Blaſenwürmer für ein ganz normales Entwickelungsſtadium der Bandwürmer erklärte.

Auch Küchenmeiſter[3]) ſprach der Larvennatur der Finnen energiſch ein Wort, indem er 1852 an der Hand von Experimenten die geſetzmäfsige Nothwendigkeit darthat, mit welcher dem embryonalen Stadium der Blaſenwurmzuſtand als die nächſte Entwickelungsphaſe folgen müſſe.

Ferner gelang es 1853 Stein[4]), einem Anhänger der Entartungstheorie, durch die Unterſuchung der Finne aus Tenebrio molitor die Entdeckung von Götze zu beſtätigen und gleichzeitig die embryonale Abſtammung unſerer Thiere durch directe Beobachtung zu conſtatiren. Freilich galten

---

1) Zeitschrift für wiss. Zoolog. IV. p. 407 und Ueber Band- und Blasenwürmer. 1854.

2) Les vers Cestoides on Acotyles. Brux. 1850, p. 83.

3) Ueber Umwandlung der Finnen in Taenien. Prager Vierteljahrsschrift. 1852.

4) Beiträge zur Entwickelungsgesch. der Eingeweidewürmer in der Zeitschr. für wiss. Zool., IV, p. 205. 1853.

feine Beweife nur den Taenien; für andere Ceftoden aber hat Wagener[1]) diefelben erbracht.

Schliefslich war es wiederum Küchenmeifter[2]), der 1853 durch Verfuche zu Tage förderte, dafs jeder Blafenwurm in den Darm des geeigneten Thieres verpflanzt, fich nach Abwerfung feiner Schwanzblafe zur gefchlechtsreifen Colonie entfalte, dafs alfo dem Blafenftadium mit einer ebenfalls abfoluten Nothwendigkeit das gefchlechtsreife Stadium folge.

Nachdem auf diefe Weife die Beziehungen der Finnen zu den Blafenwürmern erkannt waren, galt es fowohl die Wege zu finden', auf denen der Embryo zum Orte feines definitiven Aufenthaltes gelangt, als auch feine Entwickelung zum Blafenwurme zu verfolgen.

Rudolph Leuckart[3]), dem bedeutendften Helminthologen, gebührt das Verdienft, in diefes fo dunkle Gebiet Licht gebracht zu haben.

Er fah beim Kaninchen, welches mit reifen Proglottiden der Taenia ferrata gefüttert worden war, die Embryonen im Magen 4 bis 5 Stunden nach der Infection aus ihrer Schale herausfchlüpfen und glaubte, dafs fie dann zum Theile in den Dünndarm wandern. Er nahm ferner an, dafs fie fowohl durch die Magen- als auch die Darmwand mit ihren Häkchen fich den Weg bahnten, um in die Blutgefäfse zu gelangen, in denen der Blutftrom fie nach verfchiedenen Organen fpülte. Es gelang ihm auch in der That vier Mal den fchalenlofen Embryo im Pfortaderblute zu fin-

---

1) Froriep's Tagesbr. Zool. III. 1852. p. 65 und Verhandl. d. k. L.- C. Academie Bd. XXIV., Supplem. 1854.
2) Günsburg's Ztschft. f. kl. Vortr. 1853, Nov. und Gurlt's Magazin für Thierarzneikunde, Jahrg. 1854 u. 1855.
3) Die Blasenbandwürmer und ihre Entwickelung. 1856, p. 97 u. folg. und Die Parasiten des Menschen. II. Aufl. 1881. p. 418 u. flg.

den, doch vermochte er nicht ihn auf feiner Migration durch die Darm- refp. Magenwand zu ertappen. Das Factum der häufigen Anfiedelung der Cyfticercen in der Leber, fuchte er dadurch zu erklären, dafs das Kaliber der Lebercapillaren von demjenigen der Embryonen übertroffen werde, füglich eine Einkeilung der letzten ftattfinde. Ob der Weg durch die Blutgefäfse der einzige wäre, vermochte Leuckart nicht zu entfcheiden, doch hält er für wahrfcheinlich, dafs die Embryonen der Taenia folium, analog den Trichinen, wohl das Bindegewebe benutzen, um an ihren Aufenthaltsort zu gelangen.

Zwar find von Leuckart am vierten Tage nach der Infection die jungen Cyfticercen der Taenia ferrata an der Oberfläche der Kaninchenleber fchon mit unbewaffnetem Auge als weifse Pünktchen und Knötchen wahrgenommen worden, allein es mifslang ihm fie zu diefer Zeit behufs der Unterfuchung von ihrer Umhüllung zu ifoliren und auf diefe Weife die Einficht in ihr Inneres zn gewinnen. Es beginnen daher feine Beobachtungen über die Entwickelung des Cyfticercus pififormis erft mit dem 6. Tage nach der Fütterung und laffen fich kurz in Folgendem zufammenfaffen:

Um diefe Zeit nämlich ftellen die jugendlichen Thierchen 0,1 Mm. lange und 0,05 Mm. breite Körperchen dar, deren Inhalt feinzellig und deren Cuticula ziemlich verdickt erfcheint; Häkchen laffen fich an ihnen nicht mehr mit Sicherheit nachweifen. Man bemerkt ferner die erwähnten Körperchen von einem Zellenhaufen umhüllt, welcher durch eine reactive Proliferation von der Leber geliefert wird; fo entfteht eine bindegewebige Kapfel, welche die werdenden Finnen nachher umgiebt. Gleichzeitig, unter fteter Gröfsenzunahme des ganzen Gebildes, fpielt fich eine Reihe Metamorphofen im Innern deffelben ab. Sie beginnt damit, dafs im Centrum eine Menge grofser, heller, tropfenartiger Zellen auftritt, an denen fich kein Kern nachweifen läfst; das Centrum wird dadurch hell und wir können an unferen Würmchen jetzt leicht drei Schichten unterfcheiden, und zwar: die ftark verdickte Cuticula, die Rindenfchicht und die Medullarfubftanz. Diefe Zellen der mittleren Schicht fchwinden bald allmählig; fei es dafs fie primär durch Verflüffigung zu Grunde gehen, fei es dafs zwifchen ihnen fich Flüffigkeit anfammelt, welche fecundär ihr Schwinden bewirkt.

Es fei dem wie ihm wolle, aus dem Embryo entfteht eine mit Flüffigkeit gefüllte Blafe. Dieses Stadium nennt Küchenmeifter[1]) das normale atoke oder das Stadium der Entwickelungsacephalocyfte. An der inneren Fläche diefes Gebildes entwickelt fich nun durch Knospung auf folgende Weife der Scolex. An irgend einer Stelle derfelben beginnt die subcuticulare Zellenfchicht durch rege Proliferation fich zu verdicken und es entfteht dadurch ein nach dem Lumen zu hervorragender, flacher Hügel — die Kopfanlage. Indem diefe zu einem Zapfen heranwächft, finkt über ihr die Cuticula immer tiefer und tiefer ein und wir fehen nun den urfprünglich foliden Zapfen zu einer Hohlknospe werden. Der ihn durchziehende Hohlraum erweitert fich flafchenförmig an feinem centralen Ende und am Boden deffelben entsteht der Hakenkranz, ein wenig aufwärts die Saugnäpfe als nifchenförmige Vertiefungen. Wider diefe letzte Anficht trat in neuefter Zeit Moniez[2]) auf, indem er

---

1) l. c., p. 55.
2) Essai monographique sur les Cysticerques. Travaux de l'Inftit. zoolog. de Lille. T. III. Paris. 1880. p. 41.

dem Beifpiele v. Siebold[1]) und Wageners[2]) folgend behauptete, dafs fowohl der Hakenkranz als auch die Saugnäpfe an einem foliden Zapfen entftänden, welcher vom Boden des Hohlraumes emporwachfe. Nach ihm würde alfo der Leuckarftche Kopfzapfen nur die Bedeutung einer Scheide haben, aus deren Boden der eigentliche Kopfzapfen emporsprofse.

---

Wie aus dem eben Mitgetheilten hervorgeht, sind grade die jüngsten Entwickelungsstadien der Cysticercen noch wenig bekannt. Diese Lücke füllen selbst die Angaben der folgenden Autoren nicht ganz aus, so dass man wohl behaupten kann, es giebt keinen Cyfticercus (in engerem Sinne), der in allen Entwickelungsphafen vom Embryo an unterfucht ift.

Zwar hat bereits Stein Gelegenheit gehabt, die Entwickelung der Finne aus Tenebrio molitor von der Auswanderung des fechshakigen Embryo aus dem Darme in die Bauchhöhle bis zur Ausbildung des Kopfes zu verfolgen, doch find feine Beobachtungen nicht ohne Weiteres für die Cyfticercen mafsgebend, denn die Mehlkäferfinne gehört bekanntlich zu den Cyfticercoiden, welche nur Infecten und Mollusken bewohnen und fich durch Kleinheit und Mangel des Blasenwaffers in der ftets vorhandenen Blafe auszeichnen.

Wie wir fchon früher bemerkt haben, hat Leuckart die Entwickelung des Cysticercus pisiformis (zu Taenia serrata gehörig) in feiner trefflichen Monographie über „Die Blasenbandwürmer" gefchildert, doch leider beginnen feine

---

1) Band- und Blasenwürmer pp. 47. 63. 1854.
2) l. c., p. 41.

Angaben erst mit dem 6. Tage nach der Fütterung¹). Zu wiederholten Malen hat dieser Forscher nach den frühesten Entwickelungsstadien der Finnen gesucht, aber seine diesbezüglichen Bemühungen blieben stets fruchtlos, was angesichts der ungemeinen Kleinheit der jungen Blasenwürmer darin seine Erklärung findet, dass er diese Untersuchungen nur an frischen Objecten anstellte. So wollte es ihm nicht gelingen bei Schweinchen, denen Taenia solium verabreicht war, weder am 8. noch am 10. Tage nach der Infection den Cysticercus cellulosae zu constatiren, ja ein Mal sogar suchte er ihn vergebens am 14. Tage nach der ersten und am 12. nach der letzten Fütterung²). Ferner ergab seine Untersuchung einer Mäuseleber 48 Stunden nach vorausgegangener Infection mit Embryonen von Taenia crassicollis ebenfalls ein negatives Resultat³); schliesslich konnte er bei einem mit Taenia serrata gefütterten Kaninchen den Cysticercus pisiformis nicht früher in der Leber nachweisen, als am 4. Tage nach der Fütterung⁴).

Auch Gerlach[5]) war es nicht besser ergangen, denn es misslang ihm am 9. Tage, nachdem er einem Schweinchen Proglottiden der Taenia solium verabreicht hatte, junge Cysticercen zu finden.

Freilich war es Leifering und Mosler geglückt recht jugendliche Finnen aufzufinden, allein ihre vereinzelt dastehenden Angaben sind, wie bereits erwähnt, nicht geeignet dieses dunkle Gebiet unserer Wissenschaft vollständig

---

1) Die Blasenbandwürmer. p. 122.
2) Die Parasiten des Menschen. p. 630.
3) Die Blasenbandw. p. 41.
4) l. c. p. 122.
5) Zweiter Jahresbericht der kgl. Thierarzneischule in Hanover, 1870, p. 66.

zu erschliefsen. Leifering[1]) beobachtete nämlich bei einem Lamm, welches 4 Tage vor dem Tode reife Proglottiden der Taenia marginata genoffen hatte, in reichlicher Anzahl den Cysticercus tenuicollis in Pfortaderzweigen und es ist nur zu bedauern, dafs er diefelben weder abgebildet, noch genau befchrieben hat. Mosler[2]) stiefs im Herzmuskel eines Schweinchens, welchem Glieder der Taenia solium beigebracht waren, auf 0,024 Mm. breite und 0,033 Mm. lange hakenlofe Körperchen, die in Gröfse kaum die entfprechenden Embryonen übertrafen und deren Parenchym ein körniges Ausfehen bot. Doch wollte es ihm nicht gelingen, diefe Gebilde in anderen Körpertheilen deffelben Verfuchsthieres nachzuweifen.

Es war deshalb fchon längft wünfchenswerth, unter Zuhilfenahme der neuften Präparationsmethoden, fich der Mühe zu unterziehen, die früheften Entwickelungsftadien der echten Cyfticercen auf Schnitten aufzufinden und zu ftudiren.

Auf Vorfchlag des Herrn Dr. Max Braun habe ich zu diefem Zwecke im hiefigen vergleichend-anatomifchen Inftitute eine Reihe von Unterfuchungen an Mäufen refp. an dem Cyfticercus fasciolaris angeftellt, indem ich an die erfteren trächtige Proglottiden der Taenia crasficollis verfütterte.

Dafs die Maus für folche Unterfuchungen das geeignetefte Verfuchsthier ift, liegt auf der Hand; zunächft fchon deshalb, weil nicht nur fie, fondern auch die Katze, welche die Taenia crasficollis beherbergt, leicht zu befchaffen ift. Ferner war es angefichts der Kleinheit des Verfuchsthieres

---

1) Bericht über Veterinärwesen im Königr. Sachsen, 1857/58, p. 22.
2) Helminthologische Studien und Beobachtungen, 1869, p. 52

zu erwarten, dafs man die in ihm nothwendiger Weife auf ein verhältnifsmäffig kleines Terrain vertheilten Embryonen leichter werde auffinden können. Schliefslich empfahl fich Cyfticercus fasciolaris deshalb auch noch, weil er bis jetzt eine relativ geringe Berückfichtigung gefunden hat, obgleich er recht oft in der Literatur erwähnt wird.

Bei meinen Unterfuchungen habe ich auch die fpäteren Stadien bis zur Bildung des Kopfzapfens mit berückfichtigt, da auch hier, trotz der Arbeit von Moniez, der vor Kurzem die Cyfticercen auf Schnitten unterfuchte und befonders die Entwickelung des Kopfes fchildert, Lücken beftehen.

Dabei auch die Leukart'fche Migrationshypothefe zu prüfen, empfahl fich von felbft, zumal der Mäufedarm wegen der relativ geringen Dimenfionen fich am meiften zur Zerlegung in Schnittferien eignet.

Schliefslich fei es noch erwähnt, dafs es meine Abficht war, auch gleichzeitig die Vorgänge bei der Entwickelung der Embryonen der Taenia crasficollis aus den entfprechenden Eiern zu ftudiren, allein recht bald habe ich wegen der allzu grofsen technifchen Schwierigkeiten davon Abftand nehmen müffen. Ich hoffe, dafs es mir möglich fein wird, fpäter auf diefen Punct noch ein Mal zurückkommen zu können.

---

Der von mir näher unterfuchte Cyfticercus fasciolaris wurde 1688 von Wepfer in der Mäufeleber entdeckt. Schon diefer Forfcher hat feine Aehnlickeit mit den Taenien erkannt, ohne ihn jedoch mit den Hydatiden feiner Vorgänger, oder mit den Blafenwürmern feiner Zeitgenoffen zu identificiren.

Wenige Jahre nachher fand ihn **Hartmann** und zwar ebenfalls in der Leber der Maus, wie ich aus **Leuckart**[1]) erfehe. Ferner haben unfere Finne, wie derfelbe Autor angiebt, **Ruyfch**, **Frifch**, **Onymos** und **d'Aubenton** erwähnt.[2])

**Merrem**[3]) hat fie Fasciola faccata genannt, da er fie für einen Leberegel hielt.

Die unverhältnifsmäffig kleine Schwanzblafe leitete **Pallas**[4]) 1767 von der geringen Zufuhr an Flüffigkeit aus dem Körper ihres Wohnthieres, der Maus, ab. Er verglich die Mäufefinne, welche er auch in der Wanderratte fand, mit Taenia folium und mit dem kleineren Hundebandwurm, der Taenia crafficollis[5]).

An unferer Finne machte 1768 Götze feine Entdeckung des primären Entftehens der Schwanzblafe, von welcher er fagt: „in diefer Blafe fitzt das Körperchen (d. h. der Kopfzapfen), aber inwendig und gleichfam umgekehrt." Er conftatirte die morphologifche Uebereinftimmung ihres Kopfes mit dem des Katzenbandwurmes und gab ihr den Namen Taenia veficularis fasciolata[6]). Gefunden hat er fie fowohl in verfchiedenen Mäufe- als auch Rattenarten, und zwar ftets nur auf die Leber befchränkt.

**Bloch** nannte fie Vermis verficularis taeniaeformis. Ihren noch heute üblichen Namen, Cyfticercus fasciolaris, verdankt fie **Rudolphi**[7]).

---

1) Die Blasenbandwürmer, p. 8.
2) l. c., p. 10.
3) Vermischte Abhandl. aus der Thiergeschichte, p. 172. Göttingen 1778—81.
4) Stralsundisches Magazin. p. 80. 1767, I.
5) Neue Nord. Beitr. II. 13, p. 78. Petersb. u. Leipzig. 1781.
6) l. c., p. 218.
7) l. c.

Schließlich haben noch Wagener[1], R. Leuckart[2] und Moniez[3] unseren Blasenwurm unterfucht. Leuckart stellte 1853 an weißen Mäusen Versuche an, indem er diefelben mit reifen Proglottiden der Taenia crafficollis fütterte und nachträglich in der Leber einiger diefer Mäuse mehr oder weniger ausgebildete Blasenwürmer auffand.

## Beschreibung der Versuche.

Nach der kurzen hiftorifchen Ueberficht und den fich daran fchlieffenden, mir nothwendig erfcheinenden, Betrachtungen, will ich im Nachftehenden zur Befchreibung meiner Verfuche übergehen, welcher fich alsdann der Bericht über die Ergebniffe meiner fo mühevollen Unterfuchungen anfchliefsen foll.

Auf folgende Weife ging ich bei den Fütterungsverfuchen zu Werke. Anfangs brachte ich je zwei Mäuse in einen entfprechend geräumigen Drathkäfig unter und legte ihnen mit Waffer befeuchtete Grobbrodftücke vor, welche nach dem Vorgange von Leuckart mit zerquetfchten Endproglottiden der Taenia crafficollis beftrichen waren; auch legte ich folche Bandwurmglieder hier und dort am Boden des Käfiges nieder. Bald follte ich mich indeffen von der Unficherheit diefes Verfahrens überzeugen. Nach einigen Wochen nämlich habe ich bei vorgenommener Unterfuchung con-

---

[1] Die Entwickelung der Cestoden. Verhandlungen d. k. L.-C. Akademie. pag. 43. 1854.
[2] Die Blasenbandwr. p. 39 und Zeitschr. für wissensch. Zool. 1855. VI, pag. 139.
[3] l. c., p. 60.

ftatirt, dafs die Infection bei Weitem nicht bei allen Mäufen gelungen war. Diefer Umftand bewog mich die Fütterung ein wenig zu modificiren. Die 5 bis 7 fichtlich reifen Endglieder, welche ich zum genannten Zwecke den Taenien entnahm, wurden zu einem milchigen Brei mit dem Meffer zerhackt. Diefen Brei mifchte ich mit möglichft geringer Menge von in Waffer aufgeweichter Weifsbrodkrume. Aus der Maffe bildete ich je eine Pille, welche den nunmehr einzeln in den Käfigen vertheilten Mäufen gereicht wurde [1]); das Grobbrod habe ich defshalb durch Weifsbrod erfetzt, weil mich die im erften enthaltenen, unverdaulichen Pflanzenfafern beim Durfuchen des Magen- und Darminhaltes nach den Embryonen ftörten. Um die Zeit der Infection annährend genau feftftellen zu können, war es thunlich, möglichft kleine Pillen anzufertigen und die Verfuchsthiere 5 bis 6 Stunden vor derfelben hungern zu laffen.

Als aber ungeachtet aller beobachteten Vorficht die Verfuche dennoch zuweilen mifslangen, nahm ich, um möglichft ficher zu gehen, zu einer neuen Mafsregel [2]) meine Zuflucht und unterfuchte die zur Verwendung beftimmten Proglottiden jedesmal vorher auf ausgetragene Embryonen. Die zu unterfuchende Reihe der Endproglottiden legte ich auf einen mit 1% Kochfalzlöfung benetzten Objectträger und brachte dem am meiften kopfwärts gelegenen, alfo dem jüngften Gliede diefer Kette, mit einer feinen Nadel eine kleine aber bis in den Uterus gehende Verletzung bei. Es entleerten fich darnach aus der Wundöffnung Embryonen

---

1) Am Schluffe meiner Experimente habe ich ein Mal ganz intacte Proglottiden direct ohne Brod einer sechs Stunden fastenden Maus vorlegt und nach etwa einer Stunde waren dieselben verspeist. Dieses Verfahren würde wohl auch das zweckmässigste sein.

2) cfr. Leuckart. Die Parasiten des Menschen. pag, 591.

als eine weifsliche Maffe und die Kochfalzlöfung färbte fich dadurch milchig. Die Glieder wurden nun vom Objectträger entfernt und die auf demfelben zurückgebliebene, trübe Flüffigkeit vorfichtig mit dem Deckglas bedeckt. Diefes Verfahren fchien mir infofern zweckmäfsig, als die unterfuchte Proglottis bei diefer Procedur nur einen geringen Bruchtheil ihrer Embryonen einbüfste, folglich noch immer zur Infection gebraucht werden konnte.

Es ergab fich denn auch bei den letztgenannten Unterfuchungen, dafs mitunter die Endglieder der Taenia crassicollis, wiewohl fie den Anfchein vollftändiger Reife zur Schau trugen, keine ausgetragene Embryonen enthielten; es fehlte denfelben zuweilen die Schale, ab und zu, doch freilich fehr felten, felbft die Häckchen.

Behufs der Unterfuchung habe ich die Mäufe mit Chloroform getödtet, nachdem ich diefelben in verschliefsbare Glasgefäfse brachte. Sie reagirten darauf recht lebhaft: fchon 3 bis 4 Tropfen diefer Flüffigkeit riefen in wenigen Minuten eine tödtliche Narcofe hervor.

Im ganzen habe ich nahezu hundert Mäufe zu meinen Verfuchen verwendet; einige von ihnen find indeffen dem Käfig entfprungen, in vielen wiederum fand ich fchon vollkommen ausgebildete Blafenwürmer, daher refultiren die im Nachfolgenden zufammengeftellten Beobachtungen aus der Unterfuchung nur von 56 Mäufen.

Bei diefer Gelegenheit möchte ich anführen, dafs ich in zwei Lebern, an deren Oberfläche mir weifse Striemen auffielen, auf zahlreiche Coccidienknoten geftofsen bin; drei Mal fand ich auch gleichnamige Schmarotzer in dem Darme.

Nach ftattgehabter Fütterung traten bei den meiften Mäufen innerhalb der erften Woche *Krankheitserfcheinungen* auf. Die diefen Thieren eigenthümliche Lebhaftigkeit fchwand, sie wurden schwerfällig, reagirten nur träge auf jegliche Reize und verschmähten ihre tägliche Ration. Bald darauf stellten sich Dyspnoe und Singultus ein und unter klonischen Krämpfen erfolgte der Tod; nur eine recht geringe Anzahl der erkrankten Mäuse genas. Einige wenige der Versuchsthiere erfreuten sich nach wie zuvor eines scheinbar ungestörten Wohlbefindens und bei der Section wurden entweder nur einige Cysticercen oder selbst gar keine in der Leber vorgefunden, ein Umstand, welcher durch recht schwache resp. durch eine gar misslungene Infection sich ungezwungen erklären läfst. Von den 56 Mäusen sind unter obigen Symptomen 13 gestorben und es scheint, dafs dieser Ausgang vorzugsweise in der zweiten Woche nach der Fütterung stattzufinden pflegt, obgleich er in einem Falle schon nach 48 Stunden eintrat.

Ich enthalte mich, sowohl die Morbilität als auch die Mortalität unter meinen Versuchsthieren genau in Procenten auszudrücken, da die meisten derselben schon innerhalb der ersten Woche behufs Untersuchung getödtet wurden.

Die Taenia crassicollis entnahm ich den Katzen, zu welchem Zweck ich 46 derselben untersuchte. Bei 26 Katzen also in 56,5 % aller Fälle ergab die Exploration positive Resultate. Aus den Zahlen daher, welche Krabbe[1]) für Kopenhagen und Island angiebt, ersehen wir, dafs die Taenia crassicollis hierorts ungemein häufiger vorkommt. In Kopenhagen fand er sie in nur 5 %, auf Island aber häufiger, nämlich in 23 % aller untersuchten Fälle. Die gröfste Anzahl von Bandwurmexemplaren, die ich aus einem und demselben Darme hervorzog, belief sich auf 17 anscheinend trächtige Würmer.

---

1) Rech. Helminthologique en Danemark et en Islande. Copenhague, 1866 p. 18 et 39.

Bedeutend seltener, denn nur 18 Mal, alfo bei 39,1 %, aller unterfuchten Katzen fand ich Taenia cucumerina und zwar am häufigften gleichzeitig mit der eben erwähnten Taenia. Krabbe konnte fie auf Island gar nicht, in Kopenhagen aber in 57 % nachweifen. Vor Kurzem hat Blumberg[1]) eine ähnliche Zufammenftellung für Kasan veröffentlicht. Er giebt für beide erwähnten Taenienarten je 14,28 % an, doch find feine Zahlen infofern nicht als mafsgebend anzufehen, als er im Ganzen nur 14 Katzen unterfucht hat.

## Das Verhalten der Embryonen im Magen und im Darme.

Um das Verhalten der Embryonen der Taenia crafficollis im Magen und im Darme der Mäufe zu beobachten, habe ich zu diefem Zwecke 9 Mäufe geopfert.

Etwa in 5 bis 7 Stunden nach ftattgehabter Fütterung konnte ich im Mageninhalte *keine* Embryonen mehr nachweifen. Dagegen nach 2, 3 und 4 Stunden waren fie in demfelben noch maffenhaft und zwar ftets mit intacter Schale vorhanden; trotz forgfältiger Unterfuchung des Mageninhaltes, wollte es mir jedoch nicht gelingen freie Embryonen darin zu finden. Ich will im nachftehenden mit Hr. M. Braun[2]) die ausgefchlüpften Bandwurmembryonen Oncofphären nennen.

Diefer Befund ftimmt mit den Angaben Leuckarts nicht überein, welcher 3 oder 4 Mal im Kaninchenmagen

---

1) Матеріалы для патологической зоотоміи. Казань, 8 ст. 1883. S. A,

2) Die thierlschen Parasiten d. Menschen. 1883, Anmerk. p. 94.

Oncofphären der Taenia ferrata beobachtet hat¹). Man könnte daher meinen, dafs die Schalen der Taenienembryonen fich gegenüber dem Kaninchen- und Mäufemagen ganz verfchieden verhalten; allein da die Maus und das Kaninchen, wenn auch nicht auf vollftändig diefelbe, doch wohl auf ähnliche Pflanzennahrung, angewiefen find, fo glaube ich mich berechtigt, die Nichtübereinftimmung diefer Befunde den fpecififchen Eigenthümlichkeiten beider Taenienarten zuzufchreiben. Dafs ich diefe Gebilde überfehen haben follte, ift wohl möglich, indeffen nicht wahrfcheinlich, zumal anzunehmen ift, dafs diefelben im relativ kleinerem Mäufemagen leichter aufzufinden fein müfsten.

Was nun den Darm unferer Verfuchsthiere anbetrifft, fo war das Verhalten der Embryonen in den verfchiedenen Abfchnitten desfelben ein verfchiedenes. Im erften Drittel des Dünndarmes ftiefs ich nur ein einziges Mal auf eine Oncosphära, und zwar etwa 5 Stunden nach der Fütterung; aber auch Embryonen waren in diefem Darmabfchnitte felten anzutreffen. Ich fand fie dort nur vier Mal: ein Mal 5 Stunden nach der Infection, ein zweites Mal bei einer Maus, welche 3 Mal nacheinander mit T. crasficollis gefüttert war und zwar 9,5 und 1 Stunde vor dem Tode, ferner das dritte Mal in einer Maus, bei welcher wegen mangelnden Appetites die Zeit der Einfuhr der Embryoneu nicht genau angegeben werden konnte und fchliefslich ein Mal 27 bis 29 Stunden nach der Fütterung. Dagegen ftiefs ich im mittleren Theile des Dünndarmes auf eine grofse Menge von Oncofphären, fo dafs ich zuweilen in einem Geficht sfelde 10 diefer Gebilde und darüber zählen konnte. Im letzten Drittel des genannten Darmes gelang es mir nur 2 Mal fowohl Onco-

---

1) Die Blasenbandwürmer, p. 101.

fphären, als auch Embryonen zu finden und zwar das eine Mal 3 bis 4 Stunden nach der Fütterung, das andere Mal bei derjenigen Maus, bei welcher die Zeit zwifchen Infection und Unterfuchung nicht genau beftimmt werden konnte; in beiden Fällen fah ich auch im Coecum einige Embryonen. Schliefslich fei es noch erwähnt, dafs in verfchiedenen Theilen des Darmes mir gefprungene Embryonalfchalen aufgefallen find, doch war ihre Zahl relativ gering. Auch diefe Befunde im Darme find ganz entgegengefetzt denjenigen, welche Leuckart[1]) für Kaninchen refp. Taenia ferrata angiebt, da ihm im Darme unter gleichen Umftänden Oncofphären niemals zu Geflchte kamen, was vielleicht ebenfalls auf den fpecififchen Eigenfchaften der verfchiedenen Bandwurmarten beruhen mag. Freilich könnte man daran denken, dafs die Embryonen auch in unferem Falle im Magen fchon die Schale abwerfen und indem fie unverzüglich denfelben verlaffen, dort nur äufferft fchwer anzutreffen find. Indeffen mit Recht kann man gegen diefe Annahme einwenden, dafs dann doch die Oncosphären im oberen Drittel des Dünndarmes häufiger gefehen werden müfsten. Und fo erfcheint angefichts meines erwähnten Befundes die Annahme gerechtfertigt, dafs die Embryonen der Taenie crafficollis, nachdem fie eine Zeit dem fauren Verdauungsfafte des Mäufemagens ausgefetzt waren, die Bedingungen, fei es mechanifcher oder chemifcher Art, welche ihnen das Ausfchlüpfen ermöglichen, erft im Darme finden.

---

1) l. c., p. 103.

## Die active Wanderung der Oncosphären durch die Darmwand.

Nachdem ich nun über das Verhalten der Embryonen im Lumen des Inteftinaltractus orientirt war, lag es mir ob das fernere Schickfal der Oncosphären zu erforfchen.

Um die von Küchenmeifter früher vertretene Anficht über die *Wanderung* der Oncosphären *durch den Ductus choledochus* zu prüfen, unterfuchte ich wiederholt an frifchen Objecten diefen Gang, ohne jedoch auf eins der genannten Gebilde zu ftoffen.

Darnach ging ich, eingedenk der *Leuckartfchen Migrationshypothefe*, zur Unterfuchung der Darmwand vor. Ich ftellte diefelbe anfangs an frifchen, mit Präparirnadeln zerzupften, Darmftücken an, da fie aber refultatlos blieb, fo befchlofs ich diefelbe auf Schnitten zu wiederholen. Zu diefem Behuf präparirte ich den Darm fammt dem Mefenterium und dem entfprechenden Theile der Wirbelfäule heraus und fpannte das Ganze, ohne den gegenfeitigen Zufammenhang zu lädiren, in 0,5 % Chromfäurelöfung mit Nadeln aus. Nachdem das Gewebe abgetödtet war, härtete ich es in Alkohol, fchnitt darauf den Darm in etwa 1 Ctm. lange Stücke und färbte fie mit ammonialkalifchen Carmin. Zum Einbetten bediente ich mich anfangs des Paraffins mit Talg und nachträglich deffelben mit Wachs; da aber diefe Maffe fich für meine Objecte als ungeeignet erwies, griff ich zum Celloidin, deffen Brauchbarkeit alle meine Erwartungen übertroffen hat. Zum Schneiden benutzte ich ein Leyfer-Langfches Microtom.

Ich habe eintaufend vierhundert Darmquerfchnitte angefertigt und durchfucht und nur *zwei Mal* gelang es mir in denselben unverkennbare Oncosphären mit ihrem Bohrapparate zu finden. Das erste Mal traf ich eine Oncosphära in der schräg vom Schnitte getroffenen Muscularis, in welcher unser Gebilde, als vollkommen vom Carmin ungefärbt geblieben, leicht zu erkennen war. Dieser Schnitt stammte aus dem oberen Theile des Darmes einer Maus, welche 27 Stunden nach stattgehabter Fütterung getödtet wurde. Leider habe ich den Schnitt nicht aufbewahren können, da er beim Isoliren von den übrigen auf demselben Objectträger befindlichen Schnitten zu Grunde ging. Die Untersuchung von Darmstücken 5, 12, 20 und 52 Stunden nach der Infection ergab negative Resultate. Das zweite Mal stiefs ich auf eine Oncosphära im mittleren Theile des Darmes einer 30 Stunden nach der Fütterung getödteten Maus. Dieselbe sitzt an dem freien Ende der Darmzotte dicht unterhalb des Epithel, welches an dieser Stelle vollkommen intact erscheint. Auch diese Oncosphära ist vom Carmin unberührt geblieben und sticht als vollkommen farbloser, oder besser, als ein weisslicher Körper von der durch Carmin differenzirten Umgebung ab. Die zarte Cuticula und die Häkchen sind unschwer zu erkennen. In der Mitte ihres Leibes, welcher in Länge 0,019 Mm. und in Breite 0,011 Mm. misst, ist eine seichte ringförmige Einschnürung wahrnehmbar, welche sie leicht biscuitförmig erscheinen läst. Ob dieses Gebilde schon innerhalb eines Blutgefässes liegt oder sich noch ausserhalb eines solchen befindet, vermag ich nicht zu entscheiden; dieses Präparat habe ich in Canadabalsam conservirt.

Angesichts des negativen Befundes im Mageninhalt habe ich die Magenwand nicht untersucht, auch war mir leider dazu die Zeit zu kurz bemessen.

In die Bauchhöhle eingewanderte Oncosphären habe ich, trotz wiederholten Suchens, nicht nachweisen können.

## Die pasſive Wanderung der Oncoſphären im Pfortaderblute.

Die Blutgefäſse des Meſenteriums habe ich ebenfalls wiederholt einer eingehenden Unterſuchung unterworfen. Ich ſchnitt das Meſenterium, nachdem es mit Chromſäure und Alkohol behandelt war, in entſprechend kleine Stücke, färbte dieſe mit ammoniakaliſchem Carmin, hellte ſie in Kreoſot auf und brachte dieſelben unter das Deckglas. Die Venen des Meſenteriums ſuchte ich genau durch, doch ertappte ich darin niemals eine Oncoſphära. Schliefslich wurde dem Pfortaderblute die ihm gebührende Aufmerkſamkeit geſchenkt. Ich unterſuchte dasſelbe bei 9 Mäuſen, indem ich es mit einer 0,5 % Kochſalzlöſung verdünnte.

Nicht ohne Mühe gelang es mir, darin **drei Mal** Oncoſphären mit ihren deutlich wahrnehmbaren **Häkchen** zu Geſichte zu bekommen. Ich fand dieſelben 9, 27 und 52 Stunden nach der Fütterung. Eine derſelben wurde nach Abtödtung mit Müller'ſcher Flüſſigkeit in Glyceringelatine aufbewahrt.

## Verhalten der Oncoſphären in der Leber und ihre Entwickelung zu Blaſenwürmern.

Nachdem ich nun den Oncoſphären der Taenia crasſicollis auf ihrer Wanderung von dem Darmlumen bis zu ihrem Auftreten im Pfortaderblute Schritt für Schritt gefolgt bin, lag es mir ob, unſere Thierchen nunmehr am Orte ihres definitiven Aufenthaltes aufzuſuchen und die in ihnen ſtattfindenden Metamorphoſen kennen zu lernen. Zu dieſem Ende inficirte ich eine ganze Anzahl von Mäuſen und tödtete dieſelben zu verſchiedener Zeit nach der Fütterung.

Die herauspräparirte Leber wurde mit einer der üblichen Abtödtungsflüssigkeiten, wie 0,5 % Chromsäurelöfung, Lang-fche Flüffigkeit oder Kleinenberg'fche Picrinfchwefelfäure behandelt und darnach in Alkohol gehärtet. Als Differenzirungsmittel bediente ich mich des Grenacher'fchen Alauncarmins, mitunter des Picrocarmins, am häufigften aber der ammoniakalifchen Carminlöfung, welcher ich unbedingt den Vorzug gebe. Als Einbettungsmaffe benutzte ich auch hier zuerft Paraffin mit Talg, dann mit Wachs und fchliefslich das Celloidin.

Beim Unterfuchen zahlreicher Schnitte, die ich aus Lebern von Verfuchsthieren angefertigt habe, welche 10, 15, 20 und 25 Stunden nach der Infection getödtet waren, fiel mir gar nichts auf, was meinen Verdacht in irgend einer Weife auf fich lenken konnte. Erft nach 27, 29, 40 und 48 Stunden ftiefs ich auf Gebilde, über deren Natur ich eine Zeitlang im Unklaren blieb. Es find ovale Körperchen, deren längfter Durchmeffer etwa 0,027 Mm., der kleinfte aber 0,022 Mm. mifst. An ihrer Peripherie läfst fich eine ziemlich dicke, ftructurlofe Membran wahrnehmen, die eine körnige Maffe mit darin eingeftreuten Kernen umfchliefst. Auf den erften Blick konnte man fie für Querfchnitte von ausgedehnten Capillaren halten, die Membran für die Gefäfswand, den körnigen Inhalt für Fibringerinfel, die Kerne für weifse Blutkörperchen nehmend. Indeffen bemerkt man bei näherer Betrachtung leicht, dafs diefe Deutung nicht die richtige fein kann, denn fchon ihre Gröfse übertrifft den Durchmeffer der Lebercapillaren, auch laffen fich an ihrer, übrigens für eine Endothelauskleidung viel zu mächtigen, Membran keine Kerne nachweifen, aus welchen man auf die endotheliale Natur derfelben fchliefsen könnte.

Dafs das Auftreten diefer Gebilde mit der Infection in

irgend einem Zufammenhange ftehen müffe, war aus der nachträglichen Unterfuchung der Leber einer nicht inficirten Maus erfichtlich, in welcher fie fehlten. Auch fprach dafür der Umftand, dafs ich fie, wie erwähnt, in Lebern welche 10, 15, 20 und 25 Stunden nach der Fütterung zur Unterfuchung kamen, nicht nachgewiefen habe. So lange es mir nicht gelungen war in einem diefer Gebilde die Embryonalhäkchen zu finden und damit den pofitiven Beweis ihrer Zufammenhörigkeit mit den verfütterten Bandwurmembryonen zu liefern, mufsten diefelben für mich ein Räthfel bleiben. Doch follte diefer Beweis nicht lange ausbleiben. Die Unterfuchung der eben befchriebenen Körperchen, habe ich leider an trüben Herbfttagen ausführen müffen; als ich aber nachträglich einmal einen heiteren Tag benutzend, die bezüglichen Präparate noch ein Mal durchmufterte, fand ich in der Leber einer Maus, welche 27 Stunden vor dem Tode inficirt wurde, drei der oben erwähnten Körperchen, welche deutliche Häkchen enthalten; zwei von ihnen haben je drei Häkchen, das dritte fünf derfelben. Eins diefer Würmchen liegt unverkennbar in einer fchräg gefchnittenen Capillare, deren Durchmeffer 0,015 Mm. beträgt, alfo die benachbarten Capillaren beträchtlich an Gröfse übertrifft, da diefelben 0,005 Mm. bis 0,007 Mm. meffen. Nur ein einziges Mal fah ich zwei diefer Körperchen unmittelbar nebeneinander liegen.

Ferner war es mir 52 Stunden nach der Infection gelungen, unter den in der Leber vorgefundenen Gebilden, welche im Wefentlichen mit den eben befchriebenen im Baue übereinftimmen, auf zwei Körperchen zu ftofsen, in denen die Embryonalhäkchen ebenfalls noch deutlich erhalten find; in einem derfelben vermochte ich zwei im anderen 4 Häkchen zu zählen. Die genannten Gebilde find in ziemlich grofser Menge in diefer Leber vorhanden; ihre Form ift meift oval und ihr gröfster Durchmeffer beträgt durchfchnittlich etwa 0,038 Mm., der kleinfte 0,032 Mm.[1]). Es läfst fich an ihnen die ftructurlofe etwa 0,001 Mm. dicke Cuticula erkennen; der von ihr umfchloffene Weichkörper bietet ein körniges Gefüge dar und enthält zahlreiche Kerne. Die Umgebung der meiften diefer Gebilde befteht aus unveränderten Leberzellen, nur bei einigen wenigen find in ihrer unmittelbaren Nähe mehr oder weniger zahlreiche, kleine, runde oder ovale Kerne, die in Bildung begriffene Kapfel, zu fehen. Beim weiteren Muftern der Schnitte aus derfelben Leber ftiefs ich auf ein ovales Körperchen, deffen Länge 0,038 und deffen Breite 0,030 Mm. beträgt und bei dem fich in der Mitte eine fcharf begrenzte Höhle nachweifen läfst; diefelbe wird von einer feinkörnigen 0,006 Mm. dicken Gewebslage mit zahlreichen, doch nur in einer Reihe angeordneten, Kernen begrenzt, welcher fich dann nach aufsen die Cuticula anfchliefst. Aber auch in einer anderen Hinficht ift diefes Bläschen bemerkenswerth; in der körnigen Rindenfchicht deffelben find nämlich zwei Embryonalhäkchen noch deutlich wahrzunehmen, welcher Befund uns an die Finnen aus Arion ater und Tenebrio molitor erinnert, an denen felbft im vollftändig ausgebildeten Zuftande die Embryonalhäkchen in der Regel angetroffen werden.

Diefer Befund fteht indeffen nicht vereinzelt da, denn es gelang Ed. van Beneden[2]) beim Cysticercus der Taenia saginata felbft in noch fpäterem Stadium Embryonalhäkchen nachzuweifen; er fah diefelben mehrfach am

---

1) Durchschnitt aus acht Messungen.
2) Extrait des Bulletins Acad. royale de Belgique. 2. Serie, Tome XLIX, Nr. 6; juin 1880. pag. 10.

21. Tage nach Einleitung des Experimentes, zu einer Zeit alfo, wo die Kopfanlage fchon gebildet war.

Weder im Weichkörper der foliden Gebilde, noch in dem Blafenkörper des hohlen Körperchens war es mir möglich Zellengrenzen nachzuweifen, was vielleicht mit der Präparationsweife im Zufammenhang fteht.

Wenn wir uns nun die Frage aufwerfen, auf welche Weife es denn zu Stande kommt, dafs in einer und derfelben Leber auf fo verfchiedener Entwickelungsftufe ftehende Gebilde angetroffen werden, fo ift es nicht gar fo fchwer dafür eine erklärende Antwort zu geben. So klein auch die Pillen waren, in denen ich die Taenienembryonen den Mäufen vorlegte, war es mir doch niemals möglich felbft nicht durch mehrftündiges Hungernlaffen, die Verfuchsthiere zu bewegen, das ihnen vorgelegte Infectionsmaterial binnen einer kurzen Zeit zu verzehren, damit möglichft gleichzeitig die befchalten Embryonen der Einwirkung des Magen- refp. Darmfaftes exponirt würden. Daher vergingen in der Regel 2, 3 ja unter Umftänden auch mehr Stunden zwifchen der Einfuhr der Embryonen, welche in den Magen mit dem erften Biffen gelangten und derjenigen, welche im letzten enthalten waren. Deshalb ift es auch leicht denkbar, dafs während die letzten eben in die Leber hineingefpült wurden, es den erften, früher dort angekommenen, bereits möglich geworden war, ihre Häkchen abzuwerfen und die nächften Metamorphofen einzugehen.

Schliefslich fand ich Embryonalhäkchen noch ein Mal, und zwar vier an der Zahl, **78 Stunden nach der Fütterung**. Das Würmchen, in dem ich diefelben fah, mifst in Länge 0,031 Mm., in Breite 0,023 Mm., ift folide und ftimmt im Baue vollkommen mit den zuletzt erwähnten, noch nicht ausgehöhlten, Körperchen überein. Es ift nämlich an demfelben eine homogene etwas glänzende Cuticula fichtbar; das von ihr eingefchloffene Parenchym ift von körniger Structur, in dem ohne irgend welche Regelmäffigkeit Kerne eingeftreut find. Das umgebende Lebergewebe erfcheint intact. An demfelben Objecte ift ein Capillargefäfs unter unferem Würmchen fchräg nach vorn und aufwärts verlaufend und ein zweites an feinem hinteren Ende zu fehen. Bei Weitem die meiften Thierchen haben ihren Sitz in Capillargefäffen; doch ein Mal fah ich eins derfelben in einem quer getroffenen Gefäfse, welches aus der radiären Gruppirung der Leberzellen zu fchliefsen, als ein intralobuläres Gefäfs in Anfpruch genommen werden dürfte, ein Umftand, welcher nur dadurch erklärt werden kann, dafs die Oncosphären, wenn auch nicht alle, doch mitunter das Capillarfyftem paffiren können. Ein anderes Mal traf ich unfer Gebilde inmitten eines längs vom Schnitte getroffenen Blutgefäfses, deffen Breite diejenige des Würmchens um das zweifache übertrifft.

Die übrigen in derfelben Leber gleichzeitig vorgefundenen Gebilde find durchfchnittlich 0,026 Mm. lang und 0,022 Mm. breit und folide; ihr Bau ftimmt vollkommen mit demjenigen der zuletzt gefchilderten überein.

In einigen wenigen ift indeffen die Cuticula nicht vollftändig von Parenchym erfüllt; der von der Cuticula retrahirte Weichkörper ift oval und mifst etwa 0,017 Mm. in die Länge und 0,011 in die Breite; er befteht ebenfalls aus körniger Maffe mit in ihr regellos eingelagerten Kernen. Vielleicht dafs diefe Schrumpfung durch die Behandlung mit Chromfäure und Alcohol bedingt ift und dafs eine in ihnen vorhandene Höhlung diefe Schrumpfung begünftigte. Indeffen ift es auch nicht ausgefchloffen, dafs diefe Gebilde verkümmerte Würmer find. In allen erwähnten Gebilden ift von einer Kapsel keine Spur vorhanden.

Erft in einer Leber, welche aus dem 6. Tage nach der Infection ftammt, sind durchweg alle Blasenwürmer hohl; von Cuticula ift bei ihnen gar nichts zu fehen. Der Hohlraum ift von einer einfachen Kernlage mit dazwifchenliegender, fpärlicher, körniger Subftanz umgeben; Schichtungen konnte ich am Blafenkörper nicht nachweifen. Da das Meffer die erwähnten Bläschen ftets halbirt hatte, fo war es mir nie möglich, diefelben in toto zu beobachten; ich fah diefe fchalenförmigen Gebilde entweder mit ihrer äufseren Convexität nach oben liegen, oder ihre innere Concavität dem Auge zukehren. Bei allen diefen ovalen Gebilden ift mir aufgefallen, dafs an einem ihrer Enden die äufsere Umgrenzung vollkommen undeutlich ift, auch find an diefen Stellen die Contouren der Kerne kaum fichtbar, ein Umftand, welcher angefichts der Regelmäfsigkeit, mit welcher er an allen genannten Gebilden diefer Leber wiederkehrt, jedenfalls nur fchwer zu deuten ift; vielleicht dafs diefes Verhalten auf die Einwirkung des Meffers zurückzuführen ift, denn dass etwa eine Oeffnung dort beftanden habe, ift zum Mindeften unwahrfcheinlich. Die erwähnten Bläschen find durchschnittlich 0,040 Mm. lang und 0,029 Mm. breit und nicht unmittelbar von der Leber umgeben, fondern fie liegen in einem 0,064 Mm. langen und 0,050 Mm. breiten Hohlraume, in deffen Wandungen fich nur vereinzelte Leberzellen wahrnehmen laffen; die übrigen find körnig zerfallen.

Die bis dahin unterfuchten Lebern wiefen keine mit blofsem Auge nachweisbaren Veränderungen auf, vielmehr fahen fie durchweg normal aus. Etwa 4 und 5 Tage nach der Infection fand ich bei Lebern uud zwar vorwiegend an ihrer fchwanzwärts gelegenen Fläche, weifse

Knötchen und Höcker, welche mich lebhaft an Coccidienknoten erinnerten; fie erwiefen fich bei mikrofkopifcher Unterfuchung als das acephale Blafenftadium des Cyfticercus fasciolaris. Sie bieten Bläschen von 0,105 Mm. Länge und 0,084 Mm. Breite dar; die vollkommen homogene Cuticula ift 0,002 Mm. dick, ihr folgt nach Innen eine 0,012 Mm. meffende Schicht, welche aus einer feinkörnigen Subftanz befteht und in welcher zahlreiche Kerne nachweisbar find. Diefe letzteren find meift in 2 Reihen geordnet und nur ftellenweife in mehreren gefchichtet. Kernkörperchen laffen fich an allen nachweifen. Die Anwefenheit einer fubcuticularen Spindelzellenfchicht und des excretorifchen Getäfsnetzes zu conftatiren war mir an diefen wie auch an den früheren Objecten unmöglich.

Aber auch weder die Ring- noch Längsmuskelfafern konnte ich hier bemerken. Die dem Hohlraume zugekehrte Fläche des eben erwähnten Blafenkörpers ift nicht glatt, fondern mit zahlreichen unregelmäfsigen Höckerchen und Ausbuchtungen verfehen. Von den grofsen, kernlofen, tropfenartigen Zellen, deren Auftreten Leuckart[1]) als unmittelbar der Blafenbildung vorausgehend fchildert, habe ich weder in den jüngeren foliden Gebilden, noch in den älteren fchon hohlen jemals Etwas zu Geficht bekommen. Es will mich dünken, als ob eben der Cyfticercus fasciolaris ein ungünftiges Object für die Unterfuchung desjenigen Stadiums fei, in welchem die eben erwähnten grofsen Zellen in der Mitte auftreten und von denen ein Theil nach der Bildung des Hohlraumes, denfelben unmittelbar umgiebt; und zwar deshalb allein weil in unferem Würmchen fo ungemein rafch, wie wir bereits gefehen haben, diefe erften

---

1) Die Parasiten d. M., p. 432.

Metamorphofen bis zur Bildung des Hohlraumes fich vollziehen. Dagegen find fie bei Cyfticercus pififormis leicht wahrzunehmen, denn derfelbe nimmt nach Leuckart[1]) im Vergleich mit Cyfticercus celullofae und Coenurus erft ordentlich fpät die Blafenform an.

Was die Umgebung unferer Blafenwürmer anlangt, fo find einige derfelben von vollftändig normalem Lebergewebe umgeben, die meiften aber befitzen eine aus kleinen, ovalen oder fpindelförmigen Kernen gebildete Hülle. Der gröfste Durchmeffer derfelben beträgt 0,194 Mm. der kleinfte 0,131 Mm.

Die Finnen, welche ich 6 und 7 Tage nach der Fütterung zu unterfuchen Gelegenheit hatte, wichen nur in Gröfse von den ebenerwähnten ab; die Leber dagegen, welche ich am 8. Tage unterfuchte, bot fowohl makrofkopifch als auch mikrofkopifch ein ganz anderes Ausfehen dar. Das ungemein voluminöfe Organ fchien ein Convolut von hirfekorngrofsen Bläschen zu fein, hie und da waren kleine Blutextravafate wahrnehmbar und in der Bauchhöhle, wie ich es hier beiläufig erwähnen möchte, fand fich häufig daneben ein blutiges Exfudat vor. Diefe Leber gehörte einer unter früher angeführten Symptomen geftorbenen Maus an.

Bei makroskopifcher Betrachtung der Schnitte mufs der Nichteingeweihte an nichts weniger als an einen Leberfchnitt denken. Das ganze Gewebe fcheint aus feinen Bälkchen zu beftehen, welche relativ grofse ovale oder runde Hohlräume umgrenzen. Bei der mikrofkopifchen Unterfuchung zeigten fich die genannten durchfchnittlich 0,050 Mm. dicken Bälkchen als atrophirtes Lebergewebe, welches an zahlreichen Stellen reichlich mit Eiterkörperchen infiltrirt

---

1) Die Blasenbandw., pag. 142.

ift und in welchem die Leberzellen nur noch hie und da erkannt werden können. Hohlräume, in welchen die Blafenwürmer liegen, meffen fammt ihrer recht dünnen bindegewebigen Wandung, der Kapfel, 0,678 Mm. in Länge und 0,619 Mm. in Breite. Die Blafenwürmer felbft find alle hohl, meift zufammengefallen, was wohl bei der Härtung auf Wirkung des Alkohols zu fetzen ift. Diefe acephalen Blafen find 0,529 Mm. lang und 0,457 Mm. breit; die Cuticula ift deutlich erkennbar, etwas verdickt und mifst 0,003 Mm. Die ihr folgende, den Hohlraum begrenzende Rindenfchicht, hat nur eine Dicke von 0,006 Mm.; fie befteht wie in früheren Stadien aus einer feinkörnigen Grundfubftanz mit zahlreichen darin gelagerten kleinen Kernen. Gefäfse, Subcuticula und Muskelfafern laffen fich in der Rindenfubftanz nicht conftatiren und ihre dem Hohlraume zugekehrte Fläche ist ebenfalls vielfach ausgebuchtet. An der äufseren Cuticularfläche und zwar meift nur der kleineren Blafen, ist ein ftarker Befatz feiner 0,014 Mm. langer, glänzender Härchen zu fehen, welche fenkrecht zu ihrer Unterlage ftehen. Ob man diefen Befatz mit Leuckart[1]) als „ältere abgeftofsene und veränderte Cuticula, oder, wenn man will," als „die Producte einer Häutung" in Anfpruch nehmen kann, von denen diefer Forfcher angiebt, dafs fie durch Zerrung mitunter in Stäbchen zerfallen, ift fraglich und an unferen Objecten nicht zu entfcheiden. Vom freien Ende diefer Stäbchen ziehen ftellenweife fchräg zur Innenwand der Cyfte zarte Fafern hinüber, die wohl als geronnenes Exfudat gedeutet werden dürfen.

Schliefslich fei noch erwähnt, dafs ich recht häufig in einer und derfelben Cyfte **zwei** und **drei** acephale Blafen

---

1) Die Parasit. d. M., pp. 362, 363.

zu beobachten Gelegenheit hatte, wogegen Leuckart[1]) und Stich[2]) höchstens nur zwei Blasenwürmer in einer Kapsel gesehen haben. Angesichts dessen, dafs es mir nur ein einziges Mal gelungen war zwei der eben eingewanderten, noch soliden, Würmchen unmittelbar nebeneinander liegend zu finden, ist die Annahme gerechtfertigt, dafs das Vorkommen mehrerer Würme in einer gemeinsamen Kapsel auf Resorption der Zwischenwände der nahe an einander gelegenen Cysten beruht. Diese Behauptung findet noch darin eine Stütze, dafs ich recht häufig auf solche Cysten stiefs, an welchen nur der mittlere Abschnitt der Zwischenwand fehlte und die noch vorhandenen, verschieden langen, Randtheile derselben zugespitzt in den Hohlraum hineinragten, also die Verschmelzung beider Kapsel noch nicht vollendet war.

Die nächst älteren Stadien, welche ich 8, 9, 10, 11 und 15 Tage nach der Infection vorfand, zeigen keine weiteren Aenderungen, aufser einer allmähligen Gröfsenzunahme.

Erst in einer 25 Tage alten Cyste fand ich einen Blasenwurm, an welchem die Rindenschicht an einer circumscripten Stelle bis auf 0,161 Mm. verdickt ist, während an den übrigen Stellen die Dicke nur 0,007 Mm. beträgt; diese Verdickung habe ich als *Kopfanlage* gedeutet und zwar um so mehr, als die Cuticula darüber eine 0,016 Mm. tiefe Einsenkung bildet. Diese Anlage bildet nicht nur auf den vorausgegangenen, sondern auch auf den folgenden Schnitten ein sich gradatim verkleinerndes Kreissegment, woraus sich ihre linsenförmige Gestalt ergiebt.

Sowohl die Verdickung als auch die übrige Blasenwand besitzen einen feinkörnigen Bau mit zahlreichen kleinen

---

1) Die Parasit. d. M., p. 633.
2) Ann. der Berl. Charité. 1854, p. 169.

Kernen, an denen Kernkörperchen fichtbar find. In der erwähnten Verdickung find fowohl die Körner als auch die Kerne ftellenweife befonders angehäuft, doch irgend eine Regelmäffigkeit in ihrer Gruppirung läfst fich nicht erkennen. Zellengrenzen vermochte ich auch hier nicht zu conftatiren. Die langgeftreckten, fchmalen, radiär angeordneten Subcuticularzellen find, obgleich vom Schnitte fchräg getroffen, doch immerhin ftellenweife erkennbar. Dagegen kann ich weder etwas vom Gefäfsfyftem, noch von den Kalkkörperchen bemerken; vielleicht dafs die letzteren durch die Behandlung mit Chromfäure entkalkt wurden und fomit ihr optifches Verhalten geändert haben. In der Kopfanlage und dem übrigen Blafenkörper vorgefundene kleine, runde, glänzende Körperchen habe ich als Querfchnitte von Muskelfafern in Anfpruch genommen, zumal mir gleichzeitig der Nachweis längsverlaufender Muskelfafern gelang. Eine faferige Umhüllungshaut — das Receptaculum Leuckarts — ift auf der dem Blafenraume zugekehrten Fläche am Kopfzapfen nicht fichtbar; fie ift vielmehr vielfach ausgezackt und enthält hie und da grofse tropfenartige Zellen. Der Blafenraum ift zum Theile von feinkörnigen Flocken erfüllt. Auf der äufseren Fläche der Cuticula kann man eine körnige Auflagerung wahrnehmen, welche vielleicht für ein Häutungsproduct im Sinne Leuckarts anzufehen ift.

Die ganze Blafe ift 0,890 Mm. lang und 0,610 Mm. breit; die Kapfel befteht aus faferigem Bindegewebe, ihr gröfster Durchmeffer beträgt 1,865 Mm., der kleinfte 1,314 Mm. Unfer Blafenwurm erfüllt nicht den ganzen Hohlraum der Cyfte, fondern hat fich etwas von der Wand zurückgezogen.

In einer Leber, welche vom 33. Tage nach der Infection ftammte, fand ich den *Kopfzapfen* bedeutend in feiner Entwickelung fortgefchritten. Derfelbe ift nahezu von der Geftalt eines abgeftumpften Kegels, mifst in Länge etwa 0,237 Mm.; fein abgeftumpftes Ende ift dem Blafenraume zugekehrt. Er erhebt fich von der Blafenwand nicht fenkrecht, fondern in fchräger Richtung, ein Verhältnifs, welches auch Leuckart[1]) für den Cyft. cellulofae conftatirt hat. Auch der von der Cuticula ausgekleidete Hohlraum in der Mitte des Kopfzapfens, deffen erfte Anlage fchon oben berührt wurde, hat nach beiden Dimenfionen bedeutend zugenommen; feine Länge beträgt etwa 0,127 Mm. und die Breite 0,084 Mm.; die gröfste Breite des ganzen Kopfzapfens mifst etwa 0,292 Mm. Unter der Cuticula find deutlich fpindelförmige Zellen fichtbar, ihnen folgt eine feinkörnige Grundfubftanz mit dichtgedrängten Kernen; nach dem Blafenraume werden letztere allmählig fpärlicher und können an ihnen Kernkörperchen deutlich wahrgenommen werden. Auch hier fah ich glänzende Puncte und Fafern, welche ich für Muskelfafern halte, doch Gefäfse, Receptaculum und Kalkkörperchen, foviel ich auch fie nachzuweifen mich bemühte, fuchte ich vergeblich. Die Blafenwand zeigt denfelben Bau und Dicke, wie im 25 Tage alten Wurme. Auf der Cuticula ift ebenfalls ein feiner, glänzender Stäbchenbefatz erkennbar, welcher aber im Vergleich zu dem früher erwähnten eine nur fehr geringe Länge befitzt. Die Gröfse der ganzen Blafe ift nicht gut möglich zu beftimmen, weil fie fich gefaltet hat; die Kapfel aber beträgt in Länge 1,0 Mm., in Breite 0,746 Mm., die Wandung 0,109 Mm.

Auch ältere Stadien von 6 Wochen, deren Unterfuchung nicht in meinen urfprünglichen Plan gehörten, habe ich gelegentlich einige Mal unterfucht.

---

1) Die Blasenbandwürmer, p. 143.

Der Kopfzapfen ftellt ein keulenförmiges 1,229 Mm. langes Gebilde dar, deffen gröfste Breite 0,678 Mm. beträgt und welches mit feiner fchmalen Bafis der eigentlichen Blafenwand auffitzt. Diefer Kopfzapfen ift von einem mit Cuticula ausgekleideten, flafchenförmigen Hohlraume durchzogen, welcher in feinen verfchiedenen Abfchnitten verfchiedene Geftalt und Breite befitzt. An dem peripheren, der Blafenwand zugekehrten Ende, ift er recht fchmal und fein Durchmeffer beträgt hier nur 0,059 Mm. Nach dem Blafenraume zu erweitert er fich allmählig, um an feinem centralen Ende durch die bilateral in die Subftanz des Kopfzapfens fich einfenkenden halbkugelförmigen Höhlen der Saugnäpfe die Breite von 0,508 Mm. zu erreichen.

Am Boden des erwähnten Hohlraumes befinden fich zwei ebenfalls bilateralsymmetrifch gelegene Höcker, Querfchnitte des ringförmigen Wulstes, der das Roftellum umfafst[1]). Nach aufsen von diefem Ringwulste fehen wir den Hakenkranz, deffen einzelne Häkchen, noch plump an Geftalt, etwa 0,127 Mm. lang find; ein wenig oberhalb des letzteren befinden fich die Saugnäpfe. Diefes gegenfeitige Verhältnifs des Hakenkranzes zu den Saugnäpfen wiederholte fich an allen von mir verfertigten Präparaten, was natürlich wider die fchon früher erwähnte, von Moniez vertretene Anficht über die Koptbildung, fprechen dürfte.

In der Tiefe des Hohlraumes, welcher den Kopfzapfen durchzieht, fah ich einige Mal eine zarte, helle Membran, die von der darunter liegenden Cuticula losgetrennt war und wohl als abgeftofsene Lage derfelben betrachtet werden kann; diefelbe ift an ihrer dem erwähnten Hohlraum zugekehrten Fläche mit zahllofen, feinen, glänzenden Spitzen be-

---

1) Die Parasiten d. M. p. 445.

deckt, welche ich als primitive Häkchen deute, von denen Leuckart[1]) fagt, dafs fie nur zum geringften Theile in die definitiven übergehen. Was die Structur des Gewebes anbetrifft, aus welchem diefer Kopfzapfen aufgebaut ift, fo ftimmt diefelbe mit dem zuletzt befchriebenen Stadium faft überein; nur fcheinen die fpindelförmigen Subcuticularzellen an Länge zugenommen zu haben. In der Mitte der Seitenwand des Kopfzapfens glaube ich die längs verlaufenden Gefäfse zu erkennen. Das kiffenförmig geftaltete Roftellum, ein muskulöfes Organ, welches fich bei ausgewachfenen Finnen unmittelbar unter der Cuticula am Boden des genannten Hohlraumes befindet, vermochte ich an meinen Objecten nicht zu conftatiren; gleichfalls konnte ich hier die radiär angeordneten Muskelfafern, welche die Gruben der Saugnäpfe umgeben, nicht nachweifen.

Zum Schlufs erlaube ich mir die hauptfächlichften Refultate kurz zufammenzuftellen: Die befchalten Embryonen von Taenia crafsicollis fchlüpfen bei Mäufen erft im mittleren Drittel des Darmcanales aus und begeben fich von dort aus auf die Wanderung; der von Leuckart wahrfcheinlich gemachte Weg wird durch das Auffinden von Oncofphären in der Darmwand als ficher hingeftellt. Von der Fütterung der Mäufe mit Embryonen der Taenia crafsicollis bis zum erften Auftreten der Oncofphären in der Leber der inficirten Thiere vergehen mindeftens 27 Stunden; diefelben bleiben in der Regel in den Capillaren der Leberläppchen, ausnahmsweife in einer Centralvene, fitzen. Die characteriftifchen Embryo-

---

1) l. c., p. 446.

nalhäkchen der Oncofphären find bei frifcher Einwanderung verhältnifsmäfsig leicht nachzuweifen; meiftens gehen fie bald nachher zu Grunde und ihr Auffinden bei älteren Thierchen wird viel fchwieriger. Als Ausnahme dürfte es zu bezeichnen fein, wenn felbft auf dem nun folgenden Blafenftadium, das bei Cyfticercen von Taenia crafsicollis fchon mit dem 3. Tage beginnt, noch Häkchen zu erkennen find. Wie in anderen bekannten Fällen folgt auch hier während des atoken Blafenftadiums eine Ruhepaufe in der Entwickelung, während welcher nicht einmal die Gröfsenzunahme bedeutend ift; erft 25 Tage nach der Infection (bei allen echten fog. Cyfticercen meift ebenfalls in der dritten Woche[1]) bildet fich die Anlage des Kopfzapfens als eine linfenförmige Verdickung an der inneren Oberfläche der Blafe. Die weitere Entwickelung des Zapfens verläuft bei Cyfticercus fasciolaris genau in der von Leuckart näher gefchilderten Weife.

---

Es war meine Abficht der vorliegenden Arbeit eine Tafel mit acht Zeichnungen beizufügen. Zur Vervielfältigung derfelben wählte ich den Lichtdruck, doch die diesbezüglichen Proben fielen in Folge der andauernd ungünftigen Witterung dermafsen fchlecht aus, dafs ich von meinem Vorhaben habe leider Abftand nehmen müffen; doch werde ich es nicht unterlaffen, diefe Abbildungen an einer anderen Stelle zu veröffentlichen.

---

[1] Leuckart. l. c., p. 437.

# Corrigenda.

| Seite | Zeile | | statt: | lies: |
|---|---|---|---|---|
| 7 | 1 v. u. | | posthuma | postuma |
| 10 | 2 ,, ,, | ,, | Mice. | Misc. |
| 10 | 15 ,, ,, | ,, | Finnen, | Finnen |
| 11 | 12 v. o. | ,, | Scoleces | Scolices |
| 11 | 2 v. u. | ,, | inag. | inaug. |
| 12 | 5 ,, ,, | ,, | on | ou |
| 14 | 4 v. o. | ,, | Leber, | Leber |
| 16 | 1 ,, ,, | ,, | v. Siebold | v Siebolds |
| 16 | 5 ,, ,, | ,, | Leuckarstche | Leuckartsche |
| 17 | 2 v. u. | ,, | Hanover | Hannover |
| 20 | 11 ,, ,, | ,, | taeniaeformis | taeniaformis |
| 22 | 3 ,, ,, | ,, | vorlegt | vorgelegt |
| 26 | 8 ,, ,, | ,, | Embryoneu | Embryonen |
| 28 | 9 ,, ,, | ,, | ammonialkalischen | ammoniakalischen |
| 30 | 6 ,, ,, | ,, | bin | war |
| 32 | 13 v. o. | ,, | Körperchen, | Körperchen |
| 32 | 2 v. u. | ,, | zwei | zwei, |
| 34 | 13 v. o. | ,, | möglich | möglich, |
| 35 | 14 ,, ,, | ,, | mitunter | mitunter, |
| 35 | 16 ,, ,, | ,, | längs vom Schnitte | vom Schnitte längs |
| 36 | 2 v. u. | ,, | uud | und |
| 37 | 2 ,, ,, | ,, | allein | allein, |
| 42 | 2 v. o. | ,, | in Länge | in der Länge. |

# Thefen.

1. Das rohe Rindfleifch foll als diätetifches Mittel nur unter der ftrengften Afficht des Arztes zur Verwendung kommen.
2. Die fog. acute Cestodentuberculofe verdient feitens des pathologifchen Anatomen mehr Berückfichtigung.
3. Der Hypnotismus verdient als Anäftheticum und als therapeutifcher Eingriff eingehender, als es bis jetzt gefchehen ift, geprüft zu werden.
4. Küchenmeifters Lehre von der Auswanderung der Taenienembryonen durch die Lymphgefäfse ift entfchieden eine falfche.
5. Die chirurgifche Behandlung phthififcher Lungencavernen hat eine grofse Zukunft.
6. Pneumonia croupofa ift das Symptom einer acuten Infectionskrankheit.